아빠

어린이 중국어 쓰기 노트

저 중국어공부기술연구소

3 Step

시사중국어사

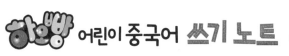 어린이 중국어 쓰기 노트 3 Step

초판발행	2018년 3월 15일
1판 3쇄	2022년 2월 10일

저자	중국어공부기술연구소
책임 편집	최미진, 가석빈, 엄수연, 高霞
펴낸이	엄태상
디자인	김지연
콘텐츠 제작	김선웅, 김현이, 유일환
마케팅	이승욱, 왕성석, 노원준, 조인선, 조성민
경영기획	마정인, 조성근, 최성훈, 정다운, 김다미, 오희연
물류	정종진, 윤덕현, 양희은, 신승진

펴낸곳	시사중국어사(시사북스)
주소	서울시 종로구 자하문로 300 시사빌딩
주문 및 교재 문의	1588-1582
팩스	0502-989-9592
홈페이지	http://www.sisabooks.com
이메일	book_chinese@sisadream.com
등록일자	1988년 2월 13일
등록번호	제1 - 657호

ISBN 979-11-5720-104-4 64720
　　　979-11-5720-101-3 (set)

이 책의 활용

획순을 한 획씩 따라 쓰며 간체자, 병음 쓰기에 익숙해질 수 있어요.
하오빵 어린이 중국어 Step3 본문에서 배우는 새로운 한자들을 간체자와 번체자와 비교하며 한자 공부까지 한번에 익혀 보아요~

하오빵 어린이 중국어 Step3의 본문, 말하기에서 배우는 단어들을 직접 써 보며 단어도 익혀 보아요~

다양한 문제로 재미있게 앞에서 배운 단어들을 복습해요. 절취선을 잘라서 활동지나 과제용으로 사용할 수 있어요.

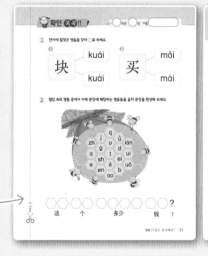

앞에서 배운 단어들로 중요 문장을 써 보며 문장도 복습해 보아요~

각 과별 단어들이 알아보기 편하게 정리되어 있어요.

병음 A, B, C 순으로 단어들이 찾기 쉽게 되어 있어요.

차례

1과 你怎么了?

Nǐ zěnme le? 너 왜 그래?

획순을 따라 간체자와 병음을 예쁘게 써 보세요.

怎
zěn
왜, 어째서
怎 어찌 즘

획순 怎怎怎怎怎怎怎怎怎

zěn | zěn | |

么
me
지시 대명사·의문 대명사·
부사 뒤에 쓰임
麼 어조사 마

획순 么么么

me | me | |

了
le
동작 또는 변화가 이미
완료되었음을 나타냄
了 마칠 료(요)

획순 了了

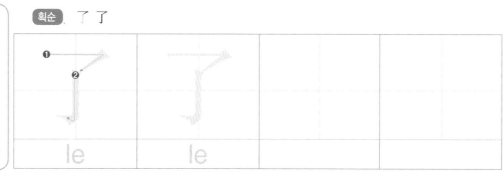

le | le | |

眼
yǎn
눈
眼 눈안

획순 眼眼眼眼眼眼眼眼眼眼眼

yǎn | yǎn | |

睛
jīng
눈동자

睛 눈동자 정

획순 睛睛睛睛睛睛睛睛睛睛睛睛睛

jīng	jīng	

疼
téng
아프다

疼 아플 동

획순 疼疼疼疼疼疼疼疼疼疼

téng	téng	

耳
ěr
귀

耳 귀 이

획순 耳耳耳耳耳耳

ěr	ěr	

朵
duǒ
송이, 조각, 점

朵 늘어질 타

획순 朵朵朵朵朵朵

duǒ	duǒ	

 간체자로 중국어 단어를 쓰며, 큰 소리로 읽어 보세요.

🔊 음성을 들으며 따라 읽어 보세요.

怎么了
zěnme le
왜 그래

怎么了			怎么了	
zěnme le				
왜 그래				

眼睛
yǎnjing
눈

眼睛		眼睛	眼睛	
yǎnjing				
눈				

耳朵
ěrduo
귀

耳朵		耳朵	耳朵	
ěrduo				
귀				

头
tóu
머리

头头				
tóu				
머리				

嗓子

sǎngzi

목, 목구멍

牙

yá

이, 치아

肚子

dùzi

배

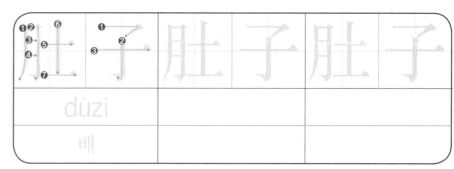

좀 더 연습해보세요.

1 빈칸에 들어갈 병음을 채워 한자에 알맞는 병음으로 완성하세요.

❶

眼睛

y＿＿＿jing

❷

嗓子

s＿＿＿zi

❸

肚子

d＿＿＿zi

❹

耳朵

＿＿＿d＿＿＿

2 그림을 보고, 대화 빈칸에 들어갈 신체 부위 단어를 병음으로 써 보세요.

A Zěnme le?

B [   ] hěn téng.

❶

[   ]

❷

[   ]

❸
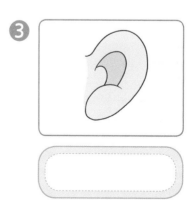
[   ]

3 병음을 보고 한자의 비어 있는 부분을 채워 한자를 완성해 보세요.

4 각 신체 부위의 명칭을 보기에서 찾아 한자로 써 보세요.

보기　　眼睛　　耳朵　　头　　嗓子　　肚子

2과 天气怎么样?

Tiānqì zěnmeyàng? 날씨가 어때?

 획순을 따라 간체자와 병음을 예쁘게 써 보세요.

天
tiān
하늘, 날, 일
天 하늘 천

> 획순 天 天 天 天

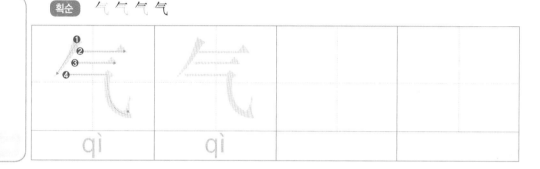

tiān   tiān

气
qì
기체, 공기
氣 기운 기

> 획순 气 气 气 气

qì   qì

样
yàng
모양, 본보기, 모습
樣 모양 양

> 획순 样 样 样 样 样 样 样 样 样 样

yàng   yàng

晴
qíng
하늘이 맑다
晴 갤 청

> 획순 晴 晴 晴 晴 晴 晴 晴 晴 晴 晴 晴

qíng   qíng

下
xià
밑, 아래, 다음, 내리다
下　아래 하

xià	xià		

雨
yǔ
비
雨　비 우

yǔ	yǔ		

좀 더 연습해보세요.

 간체자로 중국어 단어를 쓰며, 큰 소리로 읽어 보세요.

● 음성을 들으며 따라 읽어 보세요.

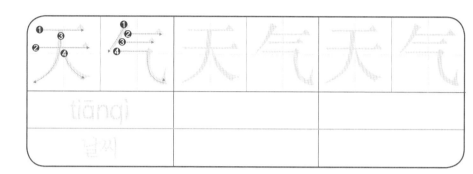

天气
tiānqì
날씨

		tiānqì		
		날씨		

怎么样
zěnmeyàng
어때

		zěnmeyàng		
		어때		

晴天
qíngtiān
맑은 날씨

		qíngtiān		
		맑은 날씨		

下雨
xià yǔ
비가 오다

		xià yǔ		
		비가 오다		

春天
chūntiān
봄

春	天	春	天	春	天

chūntiān

봄

暖和
nuǎnhuo
따뜻하다

暖	和	暖	和	暖	和

nuǎnhuo

따뜻하다

夏天
xiàtiān
여름

夏	天	夏	天	夏	天

xiàtiān

여름

非常
fēicháng
대단히

非	常	非	常	非	常

fēicháng

대단히

热
rè
덥다

热	热	热			

rè

덥다

秋天
qiūtiān
가을

qiūtiān			
가을			

涼快
liángkuài
시원하다

liángkuài			
시원하다			

冬天
dōngtiān
겨울

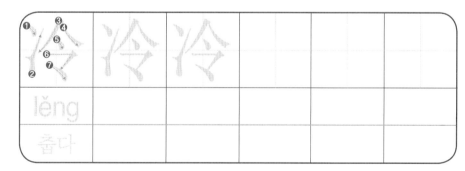

dōngtiān			
겨울			

冷
lěng
춥다

lěng			
춥다			

좀 더 연습해보세요.

 아래 중국 지도의 각 지역에는 날씨와 관련된 단어가 있어요. 보기❶과 보기❷가 서로 알맞게 들어간 지역을 찾아 ◯표 하세요.

보기❶ 天气 下雨 晴天 热 冷 凉快 暖和

보기❷
xià yǔ   lěng   tiānqì   liángkuài
rè   qíngtiān   nuǎnhuo

1 다음 한자들 중에서 '天 tiān'과 성조가 같은 발음의 한자를 찾아 ◯표 하세요.

春 chun

暖 nuan

雨 yu

天 tiān

夏 xia

冬 dong

凉 liang

秋 qiu

2 빈칸에 병음을 채워 넣어 한국어에 알맞은 표현으로 완성하세요.

예 Jīntiān __tiān__qì zěnmeyàng?   오늘 날씨 어때?

① Fēicháng _____.   매우 더워.

② Hěn _____.   시원해.

③ Xià _____.   비가 와.

3 그림을 보고, 어떤 계절인지 빈칸에 한자를 써 보세요.

① _____天 ② _____天 ③ _____天 ④ _____天

4 그림에 알맞은 한자와 병음을 찾아 줄을 긋고, 따라 써 보세요.

xià yǔ · · 晴 天

liángkuài · · 下 雨

qíngtiān · · 凉 快

lěng · · 热

nuǎnhuo · · 冷

rè · · 暖 和

3과 你想当什么?

Nǐ xiǎng dāng shénme? 너는 뭐가 되고 싶어?

 획순을 따라 간체자와 병음을 예쁘게 써 보세요.

想
xiǎng
~하고 싶다

想 생각할 상

획순 想 想 想 想 想 想 想 想 想 想 想 想 想

想	想		
xiǎng	xiǎng		

当
dāng
~이/가 되다

當 마땅 당

획순 当 当 当 当 当 当

当	当		
dāng	dāng		

总
zǒng
총괄하다

總 다 총
다스릴 총

획순 总 总 总 总 总 总 总 总 总

总	总		
zǒng	zǒng		

统
tǒng
통솔하다, 총괄하다

統 거느릴 통

획순 统 统 统 统 统 统 统 统 统

统	统		
tǒng	tǒng		

大
dà / dài
크다, 넓다, 많다
大 큰 대

夫
fū
성인 남자, 사나이
夫 지아비 부

 간체자로 중국어 단어를 쓰며, 큰 소리로 읽어 보세요.

🔵 음성을 들으며 따라 읽어 보세요.

总统
zǒngtǒng
대통령

大夫
dàifu
의사

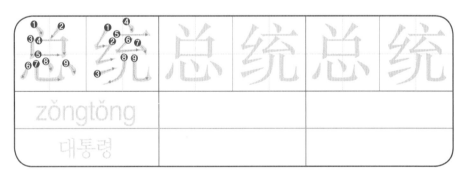

警察
jǐngchá
경찰

| | | | jǐngchá | |
| 경찰 | | | |

演员
yǎnyuán
배우

| | | | yǎnyuán | |
| 배우 | | | |

歌手
gēshǒu
가수

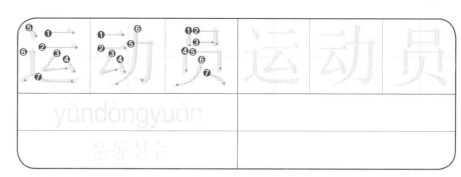

| | | | gēshǒu | |
| 가수 | | | |

运动员
yùndòngyuán
운동선수

| | yùndòngyuán | |
| 운동선수 | |

좀 더 연습해보세요.

 다음 직업 단어를 아래 표에서 찾아 각 단어 색깔로 색칠하고, 몇 개씩 있는지 쓰세요.
(가로, 세로)

① 总统
zǒngtǒng

② 大夫
dàifu

③ 警察
jǐngchá

④ 演员
yǎnyuán

⑤ 歌手
gēshǒu

⑥ 运动员
yùndòngyuán

总	统	警	歌	手	大	夫	统	员	大
运	动	员	总	大	演	员	警	歌	夫
统	警	察	统	运	大	总	统	手	动
大	运	歌	手	警	察	手	大	演	歌
夫	动	演	总	统	大	动	夫	总	手
手	员	员	夫	运	歌	手	演	统	警
警	察	夫	运	警	察	总	员	歌	察
歌	手	总	动	总	大	夫	运	动	员
大	夫	统	员	歌	手	动	统	大	夫
演	员	警	察	运	动	员	警	演	员

학년 반 이름

1 한자에 알맞은 병음을 찾아 ○표 하세요.

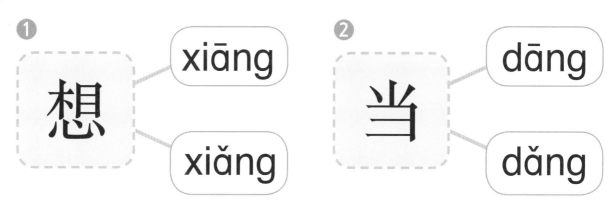

① 想 — xiāng / xiǎng

② 当 — dāng / dǎng

2 아래 직업 단어에 해당하는 병음을 찾아 각 단어별로 다른 색의 선으로 연결한 후 써 보세요.
(병음 선 연결 시 성조 무시, 쓸 때는 성조 포함)

① 大夫

② 老师

③ 警察

3 병음을 보고 한자의 비어 있는 부분을 채워 한자를 완성해 보세요.

1 相
xiǎng

2 寅
yǎn

3 云
dòng

4 哥
gē

4 그림을 보고, 친구들이 무엇이 되고 싶은지 한자를 써서 문장을 완성해 보세요.

大夫　　　警察　　　歌手　　　老师

1 她想当 ＿＿＿＿＿＿＿。

2 他想当 ＿＿＿＿＿＿＿。

3 她想当 ＿＿＿＿＿＿＿。

4 她想当 ＿＿＿＿＿＿＿。

你在做什么呢?

Nǐ zài zuò shénme ne? 너는 뭐 하고 있어?

 획순을 따라 간체자와 병음을 예쁘게 써 보세요.

在
zài
~하고 있다, ~에 있다
在 있을 재

획순 在 在 在 在 在 在

zài | zài | |

呢
ne
~하고 있다, ~는요?
呢 소곤거릴 니(이)

획순 呢 呢 呢 呢 呢 呢 呢 呢

ne | ne | |

做
zuò
~하다, 만들다
做 지을 주

획순 做 做 做 做 做 做 做 做 做 做

zuò | zuò | |

看
kàn
보다
看 볼 간

획순 看 看 看 看 看 看 看 看 看

kàn | kàn | |

획순 电电电电电

电
diàn
전기, 번개
電 번개 전

diàn   diàn

획순 视视视视视视视视

视
shì
보다, 살피다
視 볼 시

shì   shì

획순 作作作作作作作

作
zuò
만들다, 일하다
作 지을 작
만들 주

zuò   zuò

획순 业业业业业

业
yè
종사하다, 직업, 학업
業 업 업

yè   yè

 간체자로 중국어 단어를 쓰며, 큰 소리로 읽어 보세요.

💬 음성을 들으며 따라 읽어 보세요.

电视
diànshì
텔레비전

电视	电视	电视
diànshì		
텔레비전		

作业
zuòyè
숙제

作业	作业	作业
zuòyè		
숙제		

画
huà
그리다

画	画	画
huà		
그리다		

画儿
huàr
그림

画儿	画儿	画儿
huàr		
그림		

唱
chàng
부르다

唱	唱	唱		
chàng				
부르다				

歌儿
gēr
노래

歌儿	歌儿	歌儿
gēr		
노래		

玩儿
wánr
하다, 놀다

玩儿	玩儿	玩儿
wánr		
하다, 놀다		

电脑游戏
diànnǎo yóuxì
컴퓨터 게임

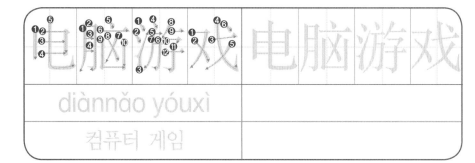

电脑游戏	电脑游戏
diànnǎo yóuxì	
컴퓨터 게임	

书
shū
책

书	书	书		
shū				
책				

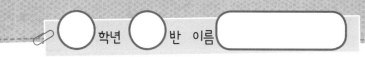
1 다음 한자들 중에서 4성이 아닌 한자를 골라 그 한자의 성조를 넣어 병음을 써 보세요.

❶

看 kan 　 做 zuo

唱 chang 　 玩 wan

❷

歌 ge 　 画 hua

视 shi 　 业 ye

2 한자를 따라 쓰고, 빈칸을 채워 병음도 완성해 보세요.

❶

看电视

k____ diànsh____

❷

做作业

z____ zuò____

❸

画画儿

h____h____r

❹

唱歌儿

ch____g____r

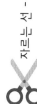

3 그림을 보고 팬돌이가 무엇을 하고 있는지 빈칸에 들어갈 표현을 보기에서 골라 쓰세요.

보기

唱歌儿　　画画儿　　做作业
看电视　　看书　　玩儿电脑游戏

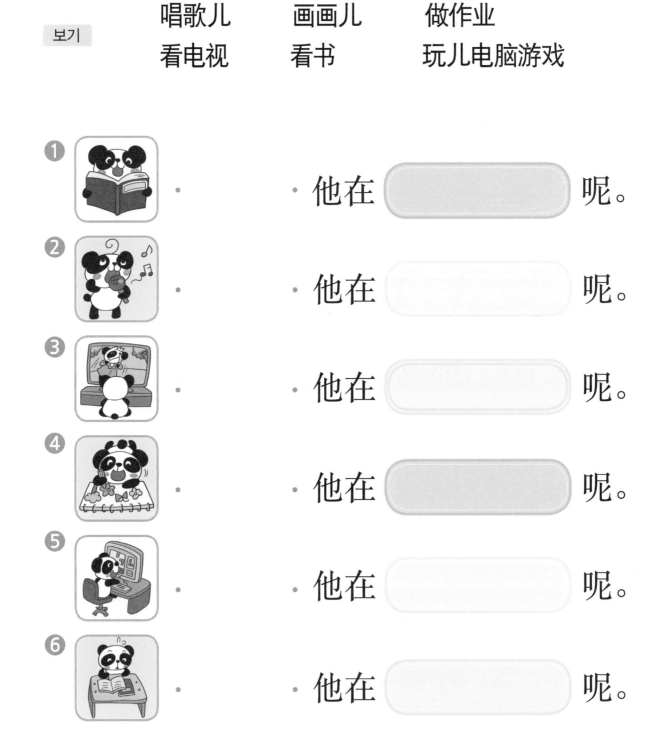

① · · 他在 ⬭ 呢。

② · · 他在 ⬭ 呢。

③ · · 他在 ⬭ 呢。

④ · · 他在 ⬭ 呢。

⑤ · · 他在 ⬭ 呢。

⑥ · · 他在 ⬭ 呢。

5과 문장 복습

 문장들을 따라 쓰고, 큰 소리로 읽어 보세요. 🔊 음성을 들으며 따라 읽어 보세요.

너 왜 그래?

你	怎	么	了	？		
Nǐ		zěnme le		？		

귀 아파 안 아파(아파)?

耳	朵	疼	不	疼	？	
Ěrduo		téng	bu	téng	？	

눈이 너무 아파.

眼	睛	很	疼	。		
Yǎnjing		hěn	téng	.		

날씨 어때요?

天	气	怎	么	样	？	
Tiānqì		zěnmeyàng			？	

맑아.

晴	天	。				
Qíngtiān		.				

너는 뭐가 되고 싶어?

你	想	当	什	么	？	
Nǐ	xiǎng	dāng	shénme		？	

나는 대통령이 되고 싶어.

我	想	当	总	统	。	
Wǒ	xiǎng	dāng	zǒngtǒng		.	

너는 뭐 하고 있어?

你	在	做	什	么	呢	？
Nǐ	zài	zuò	shénme		ne	？

나는 텔레비전을 보고 있어.

我	在	看	电	视	呢	。
Wǒ	zài	kàn	diànshì		ne	.

6과 这个多少钱？

Zhè ge duōshao qián? **이것은 얼마예요?**

 획순을 따라 간체자와 병음을 예쁘게 써 보세요.

这
zhè
이, 이것
這 이 저

획순 这 这 这 这 这 这 这

zhè	zhè		

个
ge
개, 명
個 낱개

획순 个 个 个

ge	ge		

多
duō
많다, 얼마나
多 많을 다

획순 多 多 多 多 多 多

duō	duō		

少
shǎo
적다, 약간
少 적을/젊을 소

획순 少 少 少 少

shǎo	shǎo		

획순 钱 钱 钱 钱 钱 钱 钱 钱 钱 钱

钱
qián
화폐, 돈
錢 돈 전

qián　qián

획순 块 块 块 块 块 块 块

块
kuài
위안(중국 화폐 단위)
塊 덩어리 괴

kuài　kuài

획순 那 那 那 那 那 那

那
nà
그, 그것, 저, 저것
那 어찌 나
어조사 내

nà　nà

 간체자로 중국어 단어를 쓰며, 큰 소리로 읽어 보세요.

● 음성을 들으며 따라 읽어 보세요.

这个
zhè ge
이것

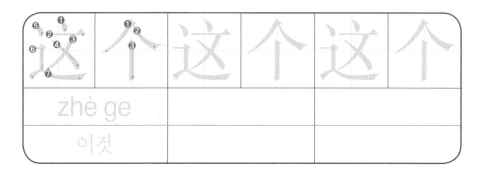

zhè ge

이것

那个
nà ge
저것, 그것

多少钱
duōshao qián
얼마예요

买
mǎi
사다

一百
yìbǎi
100, 백

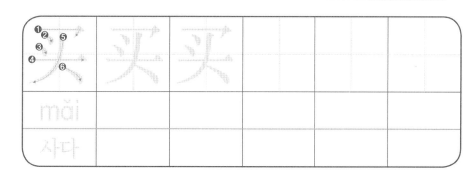

좀 더 연습해보세요.

 보기의 한자를 아래 표에서 찾아 모두 색칠한 후, 표에 숨겨진 한자가 무엇인지 써 보세요.

| 보기 | 这 | 那 | 多 | 少 | 钱 | 个 | 买 | 百 |

卖	夫	夫	看	大	大	大	少	天	天	做
卖	做	做	卖	卖	小	小	少	小	小	做
大	做	那	看	看	多	多	多	多	多	做
卖	做	那	夫	天	看	看	少	夫	多	小
卖	这	这	这	天	做	做	少	夫	多	小
大	大	那	大	钱	钱	钱	钱	钱	钱	钱
夫	卖	那	大	天	天	天	买	夫	卖	卖
个	个	那	个	天	天	买	卖	百	大	大
夫	夫	做	做	夫	买	大	卖	看	百	小
看	看	看	做	买	大	大	卖	看	小	百

1 한자에 알맞은 병음을 찾아 ◯표 하세요.

① 块 — kuái / kuài

② 买 — mǎi / mài

2 벌집 속의 병음 중에서 아래 문장에 해당하는 병음들을 골라 문장을 완성해 보세요.

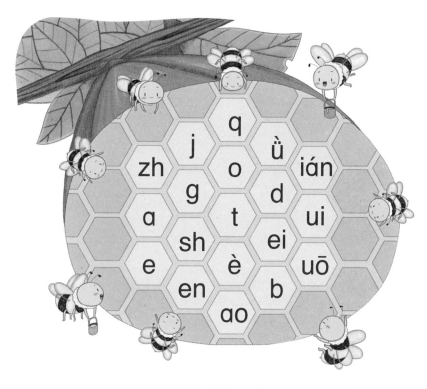

这　　个　　　　多少　　　　钱　?

3 병음을 보고 한자의 비어 있는 부분을 채워 한자를 완성해 보세요.

① 夕 duō

② 戋 qián

③ 夬 kuài

④ 那 nà

4 그림을 보고 빈칸에 알맞은 한자를 써서 대화를 완성해 보세요.

①

A: 那个_____(duōshao qián)?
저것은 얼마예요?

B: _____(yìbǎi)块。
100위안이란다.

②

A: 你想_____(mǎi)什么?
너는 무엇을 사고 싶니?

B: 我想_____(mǎi)这个。
저는 이것을 사고 싶어요.

哥哥比我高。

Gēge bǐ wǒ gāo. **형이 나보다 (키가) 커.**

 획순을 따라 간체자와 병음을 예쁘게 써 보세요.

比 bǐ ~보다 比 견줄 비	**획순** 比 比 比 比			
		比 bǐ		

高 gāo (키가) 크다, 높다 高 높을 고	**획순** 高 高 高 高 高 高 高 高 高 高			
	高 gāo	高 gāo		

胖 pàng 뚱뚱하다 胖 살찔 반 클 반	**획순** 胖 胖 胖 胖 胖 胖 胖 胖 胖			
	胖 pàng	胖 pàng		

좀 더 연습해보세요.

간체자로 중국어 단어를 쓰며, 큰 소리로 읽어 보세요.

🔊 음성을 들으며 따라 읽어 보세요.

快
kuài
빠르다

快 快 快					
kuài					
빠르다					

贵
guì
비싸다

贵 贵 贵					
guì					
비싸다					

长
cháng
길다

长 长 长					
cháng					
길다					

哪个
nǎ ge
어느 것

哪个	哪个	哪个
nǎ ge		
어느 것		

 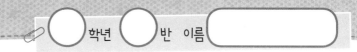

1 다음 한자에 알맞은 병음을 찾아 선을 잇고 써 보세요.

❶ 比 [   ]

❷ 哪 [   ]

nà   bǐ

dà   ge

nǎ   guì

2 사다리를 타고 내려가 한자에 알맞은 병음을 완성해 보세요.

高   胖   贵   长

___uì   ch___   ___āo   p___

3 병음에 맞는 한자를 보기에서 골라 완성해 보세요.

보기 　半　夬　月　虫　忄　贝

① pàng 　◯ + ◯ = ▢

② kuài 　◯ + ◯ = ⬡

4 그림에서 병음에 해당하는 쪽에 ◯표 하고, 한자를 써서 문장을 완성해 보세요.

①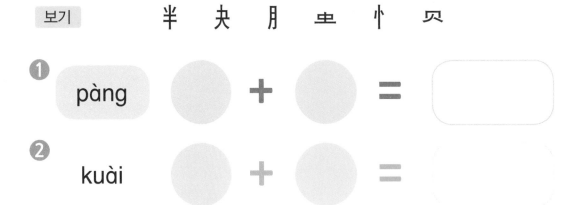

这个比那个 ▢ 。
guì

②

那个比这个 ▢ 。
cháng

③

这个比那个 ▢ 。
gāo

④

他比我 ▢ 。
dà

42

8과 你坐什么去中国？

Nǐ zuò shénme qù Zhōngguó? 너는 뭐 타고 중국에 가니？

 획순을 따라 간체자와 병음을 예쁘게 써 보세요.

坐
zuò
(교통수단을) 타다, 앉다

坐 앉을 좌

획순 坐 坐 坐 坐 坐 坐 坐

zuò　　zuò

飞
fēi
날다

飛 날 비

획순 飞 飞 飞

fēi　　fēi

机
jī
기계, 비행기

機 틀 기

획순 机 机 机 机 机 机

jī　　jī

船
chuán
배

船 배 선

획순 船 船 船 船 船 船 船 船 船 船 船

chuán　　chuán

간체자로 중국어 단어를 쓰며, 큰 소리로 읽어 보세요.

● 음성을 들으며 따라 읽어 보세요.

飞机
fēijī
비행기

公共汽车
gōnggòng qìchē
버스

地铁
dìtiě
지하철

火车
huǒchē
기차

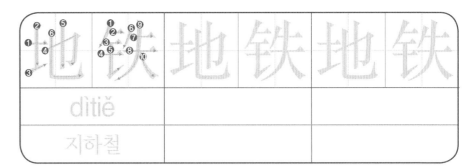

走路

zǒu lù

걷다

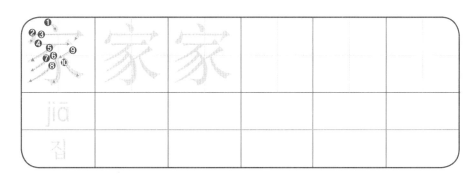

zǒu lù

걷다

家

jiā

집

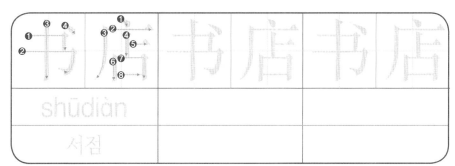

jiā

집

书店

shūdiàn

서점

shūdiàn

서점

学校

xuéxiào

학교

xuéxiào

학교

좀 더 연습해보세요.

 보기의 교통수단 병음에 해당하는 한자를 한자 보석함에서 찾아 ◯표 하고, 교통수단 보석을 더한 값이 얼마인지 쓰세요.

보기   dìtiě   huǒchē   gōnggòng qìchē   chuán   fēijī

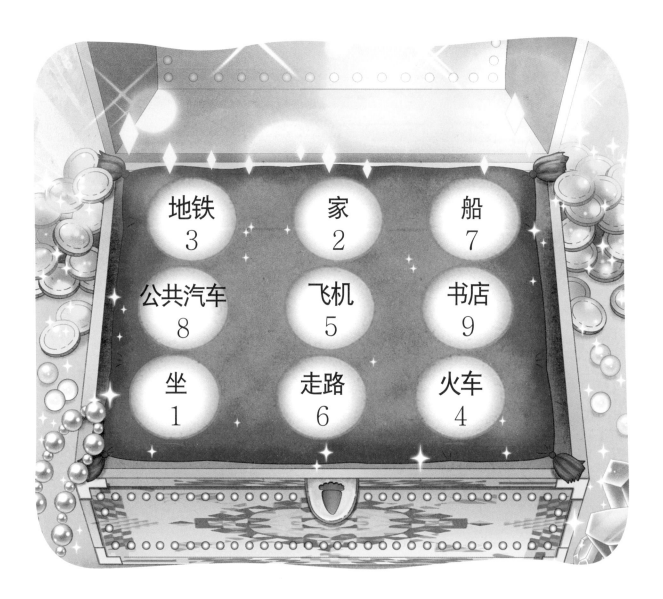

◉ 5가지 교통수단 보석을 더한 값은?

1 그림을 보고, 빈칸에 알맞은 동사를 보기에서 찾아 써 보세요.

①

②

보기

zǒu

zuò

_____ gōnggòng qìchē

_____ lù

2 그림에 알맞은 단어의 병음이 되도록 순서대로 색칠한 후, 성조를 넣어 아래 써 보세요.

🖉예시

| f | a | u | e | i | n | g | j | t | i | e |

비행기

fēijī

①

| c | h | d | u | o | i | t | f | o | i | e |

지하철

②

| b | h | u | o | s | h | a | c | h | e | o |

기차

③

| z | e | c | h | a | u | a | n | g | e | r |

배

3 병음을 보고 한자의 비어 있는 부분을 채워 한자를 완성해 보세요.

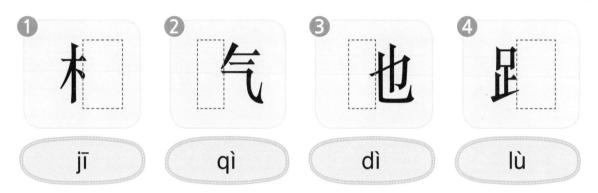

① 木   ② 气   ③ 也   ④ 𧾷

jī   qì   dì   lù

4 그림을 보고, 친구들이 타고 가려는 교통수단이 무엇인지 보기에서 찾아 빈칸에 써 보세요.

보기

火车
公共汽车
地铁
飞机
船

예   他坐 （ 船 ） 去中国。

①   她坐 （   ） 去学校。

②   她坐 （   ） 去爷爷家。

③   他坐 （   ） 去书店。

④   他坐 （   ） 去中国。

 획순을 따라 간체자와 병음을 예쁘게 써 보세요.

请
qǐng
청하다, 부탁하다

請 청할 청

획순	请 请 请 请 请 请 请 请 请 请

请	请		
qǐng	qǐng		

问
wèn
묻다

問 물을 문

획순	问 问 问 问 问 问

问	问		
wèn	wèn		

银
yín
은색, 은

銀 은 은

획순	银 银 银 银 银 银 银 银 银 银 银

银	银		
yín	yín		

行
háng / xíng
업종, 행, 열

行 다닐 행
항렬 항

획순	行 行 行 行 行 行

行	行		
háng / xíng	háng / xíng		

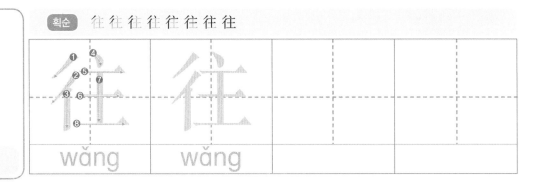

往
wǎng
~쪽으로

往 갈 왕

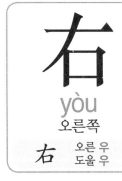

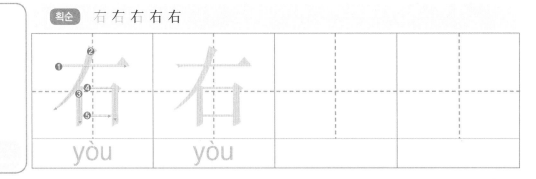

右
yòu
오른쪽

右 오른 우
도울 우

拐
guǎi
꺾어 돌다, 모퉁이

拐 후릴 괴

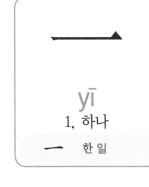

一
yī
1, 하나

一 한 일

直
zhí
곧다
直 곧을 직

획순 直 直 直 直 直 直 直 直

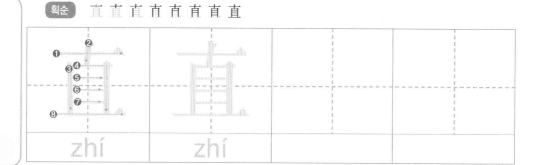

zhí　　zhí

走
zǒu
걷다, 가다
走 달릴 주

획순 走 走 走 走 走 走 走

zǒu　　zǒu

 간체자로 중국어 단어를 쓰며, 큰 소리로 읽어 보세요.

🗨 음성을 들으며 따라 읽어 보세요.

请问
qǐngwèn
말씀 좀 물어볼게요, 실례합니다

请问	请问	请问		
qǐngwèn				
말씀 좀 물어볼게요				

怎么
zěnme
어떻게

怎么	怎么	怎么		
zěnme				
어떻게				

往右拐
wǎng yòu guǎi
오른쪽으로 돌다

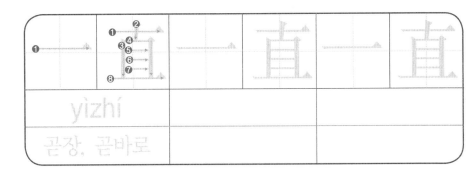

wǎng yòu guǎi

오른쪽으로 돌다

一直
yìzhí
곧장, 곧바로

yìzhí

곧장, 곧바로

前
qián
앞

qián

앞

后
hòu
뒤

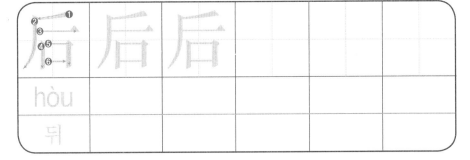

hòu

뒤

左
zuǒ
왼쪽

zuǒ

왼쪽

到
dào
도착하다, (어느 장소에)도달하다

到	到	到			
dào					
도착하다					

银行
yínháng
은행

银行	银行	银行			
yínháng					
은행					

医院
yīyuàn
병원

医院	医院	医院			
yīyuàn					
병원					

邮局
yóujú
우체국

邮局	邮局	邮局			
yóujú					
우체국					

图书馆
túshūguǎn
도서관

图书馆	图书馆	图书馆			
túshūguǎn					
도서관					

药店

yàodiàn

약국

	药店	药店	药店
yàodiàn		
약국		

文具店

wénjùdiàn

문방구

	文具店	文具店
wénjùdiàn		
문방구		

좀 더 연습해보세요.

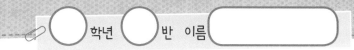

1 한자에 알맞은 병음이 되도록 병음에 성조를 표시해 보세요.

① 前 qian

② 后 hou

③ 左 zuo

④ 右 you

2 다음 장소에 해당하는 병음을 써 보세요.(성조는 무시)

3 그림을 보고, 그 장소에 가려면 어떻게 가야 하는지 보기에서 골라 써 보세요.

보기   往前走   往右拐   往左拐   一直走

왼쪽으로 돌아가세요.

图书馆_____。

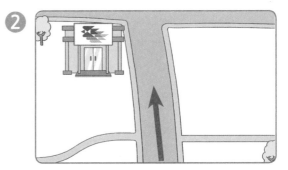

곧장 가세요.

邮局_____。

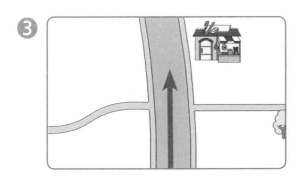

앞으로 가세요.

文具店_____。

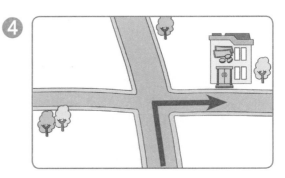

오른쪽으로 돌아가세요.

银行_____。

문장 복습

 문장들을 따라 쓰고, 큰 소리로 읽어 보세요. ● 음성을 들으며 따라 읽어 보세요.

이것은 얼마예요?

这	个	多	少	钱	?		
Zhè ge		duōshao		qián	?		

2위안이란다.

两	块	。					
Liǎng	kuài	.					

형이 너보다 (키가) 크니?

哥	哥	比	你	高	吗	?	
Gēge		bǐ	nǐ	gāo	ma	?	

형이 나보다 (키가) 커.

哥	哥	比	我	高	。		
Gēge		bǐ	wǒ	gāo	.		

너는 뭐 타고 중국에 가니?

你	坐	什	么	去	中	国	？
Nǐ	zuò	shénme		qù	Zhōngguó		？

나는 비행기를 타고 중국에 가.

我	坐	飞	机	去	中	国	。
Wǒ	zuò	fēijī		qù	Zhōngguó		.

말씀 좀 물어볼게요, 은행에 어떻게 가나요?

请	问	银	行	怎	么	走	？
Qǐngwèn		yínháng		zěnme		zǒu	？

오른쪽으로 돌아가시면 돼요.

往	右	拐	。				
Wǎng	yòu	guǎi	.				

곧장 가세요.

一	直	走	。				
Yìzhí		zǒu	.				

정답

16p

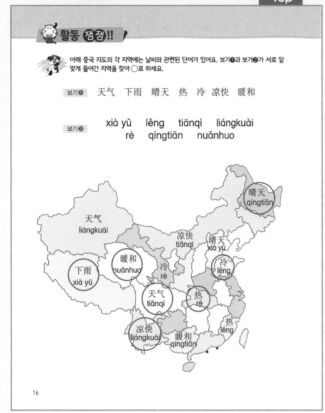

아래 중국 지도의 각 지역에는 날씨와 관련된 단어가 있어요. 보기❶과 보기❷가 서로 알맞게 들어간 지역을 찾아 ○표 하세요.

보기❶ 天气 下雨 晴天 热 冷 凉快 暖和

보기❷ xià yǔ   lěng   tiānqì   liángkuài
rè   qíngtiān   nuǎnhuo

22p

다음 직업 단어를 아래 표에서 찾아 각 단어 색깔로 색칠하고, 몇 개씩 있는지 쓰세요. (가로, 세로)

❶ 总统 zǒngtǒng — 6
❷ 大夫 dàifu — 7
❸ 警察 jǐngchá — 6
❹ 演员 yǎnyuán — 5
❺ 歌手 gēshǒu — 7
❻ 运动员 yùndòngyuán — 5

总	统	警	歌	手	大	夫	统	员	大
运	动	员	总	大	演	员	警	歌	夫
统	警	察	统	运	大	总	统	手	动
大	运	歌	手	警	察	手	大	演	歌
夫	动	演	总	统	大	动	夫	总	手
手	员	员	夫	运	歌	手	演	统	警
警	察	夫	运	警	察	总	员	歌	察
歌	手	总	动	总	大	夫	运	动	员
大	夫	统	员	歌	手	动	统	大	夫
演	员	警	察	运	动	员	警	演	员

36p

보기의 한자를 아래 표에서 찾아 모두 색칠한 후, 표에 숨겨진 한자가 무엇인지 써 보세요.

보기 这 那 多 少 钱 个 买 百

块

46p

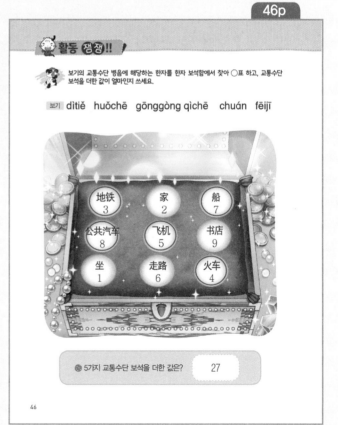

보기의 교통수단 병음에 해당하는 한자를 한자 보석함에서 찾아 ○표 하고, 교통수단 보석을 더한 값이 얼마인지 쓰세요.

보기 dìtiě   huǒchē   gōnggòng qìchē   chuán   fēijī

地铁 3   家 2   船 7
公共汽车 8   飞机 5   书店 9
坐 1   走路 6   火车 4

5가지 교통수단 보석을 더한 값은?   27

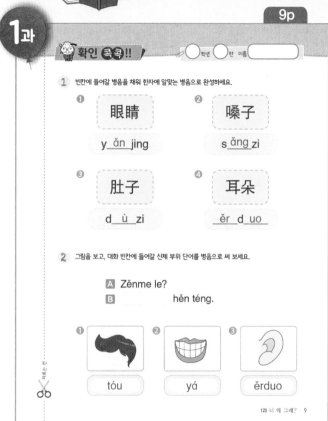

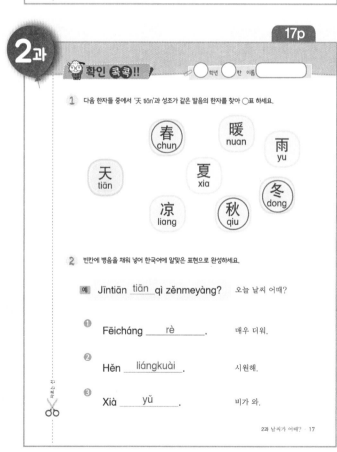

정답

3과

😎 **확인 콕콕!!**

○학년 ○반 이름

1 한자에 알맞은 병음을 찾아 ○표 하세요.

❶ 想 — (xiāng) / (xiǎng)

❷ 当 — dāng / (dǎng)

2 아래 직업 단어에 해당하는 병음을 찾아 각 단어별로 다른 색의 선으로 연결한 후 써 보세요.
(병음 선 연결 시 성조 무시, 쓸 때는 성조 포함)

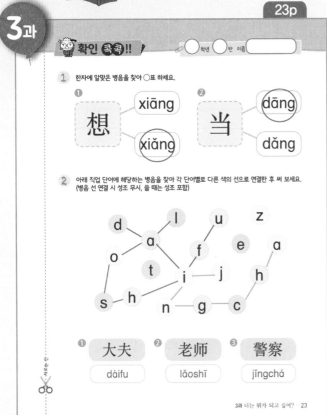

❶ 大夫 — dàifu
❷ 老师 — lǎoshī
❸ 警察 — jǐngchá

😎 **확인 콕콕!!**

3 병음을 보고 한자의 비어 있는 부분을 채워 한자를 완성해 보세요.

❶ 想 xiǎng ❷ 演 yǎn ❸ 动 dòng ❹ 歌 gē

4 그림을 보고, 친구들이 무엇이 되고 싶은지 한자를 써서 문장을 완성해 보세요.

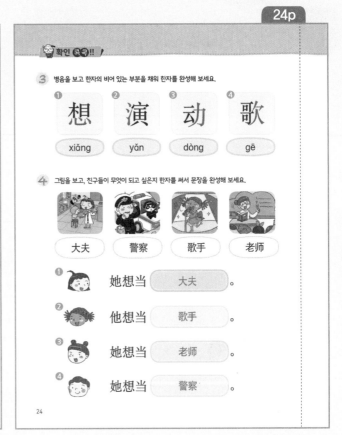

大夫　警察　歌手　老师

❶ 她想当 大夫 。
❷ 他想当 歌手 。
❸ 她想当 老师 。
❹ 她想当 警察 。

4과

😎 **확인 콕콕!!**

○학년 ○반 이름

1 다음 한자들 중에서 4성이 아닌 한자를 골라 그 한자의 성조를 넣어 병음을 써 보세요.

❶ 看 kan　做 zuo　唱 chang　玩 wan
wán

❷ 歌 ge　画 hua　视 shi　业 ye
gē

2 한자를 따라 쓰고, 빈칸을 채워 병음도 완성해 보세요.

❶ 看电视
k àn diànsh ì

❷ 做作业
z uò zuò yè

❸ 画画儿
h uà h uà r

❹ 唱歌儿
ch àng g ē r

😎 **확인 콕콕!!**

3 그림을 보고 팬돌이가 무엇을 하고 있는지 빈칸에 들어갈 표현을 보기에서 골라 쓰세요.

보기　唱歌儿　画画儿　做作业
看电视　看书　玩儿电脑游戏

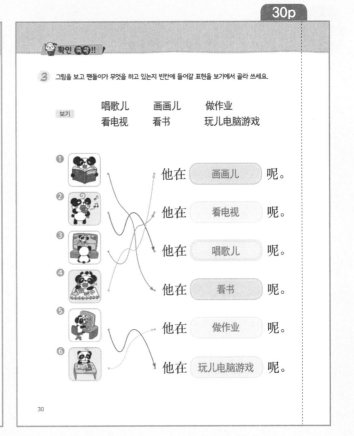

❶ 他在 画画儿 呢。
❷ 他在 看电视 呢。
❸ 他在 唱歌儿 呢。
❹ 他在 看书 呢。
❺ 他在 做作业 呢。
❻ 他在 玩儿电脑游戏 呢。

정답

6과

확인 콕콕!!

◯ 학년 ◯ 반 이름 [＿＿＿＿]

1 한자에 알맞은 병음을 찾아 ◯표 하세요.

① 块 ─ kuái
     ─ (kuài)

② 买 ─ (mǎi)
     ─ mài

2 벌집 속의 병음 중에서 아래 문장에 해당하는 병음들을 골라 문장을 완성해 보세요.

⬡Zh ⬡è ⬡g ⬡e ⬡d ⬡uō ⬡sh ⬡ao ⬡q ⬡ián ?
这　　个　　　多少　　　钱　？

확인 콕콕!!

3 병음을 보고 한자의 비어 있는 부분을 채워 한자를 완성해 보세요.

① 多　② 钱　③ 块　④ 那

duō　　qián　　kuài　　nà

4 그림을 보고 빈칸에 알맞은 한자를 써서 대화를 완성해 보세요.

①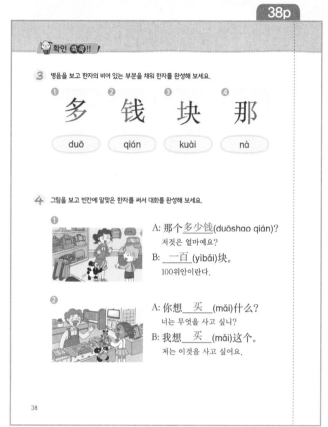
A: 那个多少钱(duōshao qián)?
저것은 얼마예요?
B: 一百 (yìbǎi)块。
100위안이란다.

②
A: 你想__买(mǎi)什么?
너는 무엇을 사고 싶니?
B: 我想__买(mǎi)这个。
저는 이것을 사고 싶어요.

7과

확인 콕콕!!

◯ 학년 ◯ 반 이름 [＿＿＿＿]

1 다음 한자에 알맞은 병음을 찾아 선을 잇고 써 보세요.

① 比 [bǐ]　　nà　　★bǐ
　　　　　　　dà　　★ge

② 哪 [nǎ]　　★nǎ　　guì

2 사다리를 타고 내려가 한자에 알맞은 병음을 완성해 보세요.

高　胖　贵　长

g_uì　　ch_áng　　g_āo　　pàng

확인 콕콕!!

3 병음에 맞는 한자를 보기에서 골라 완성해 보세요.

보기　半　夬　月　虫　忄　叉

① pàng　月 ＋ 半 ＝ 胖
② kuài　忄 ＋ 夬 ＝ 快

4 그림에서 병음에 해당하는 쪽에 ◯표 하고, 한자를 써서 문장을 완성해 보세요.

①
这个比那个 [贵]。
guì

② 那个比这个 [长]。
cháng

③ 这个比那个 [高]。
gāo

④ 他比我 [大]。
dà

정답

8과

확인 콕콕!! ○학년 ○반 이름

1 그림을 보고, 빈칸에 알맞은 동사를 보기에서 찾아 써 보세요.

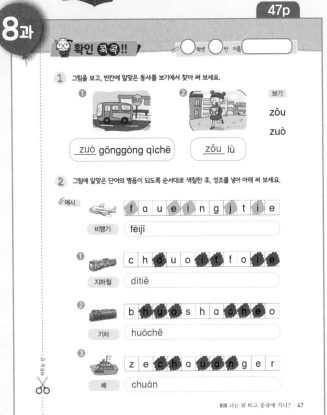

보기
zǒu
zuò

① zuò gōnggòng qìchē
② zǒu lù

2 그림에 알맞은 단어의 병음이 되도록 순서대로 색칠한 후, 성조를 넣어 아래 써 보세요.

예시 fauein gjtie
비행기 fēijī

① chduoitfoie
지하철 dìtiě

② bhuoshacheo
기차 huǒchē

③ zechauanger
배 chuán

8과 너는 뭐 타고 중국에 가니? · 47

확인 콕콕!!

3 병음을 보고 한자의 비어 있는 부분을 채워 한자를 완성해 보세요.

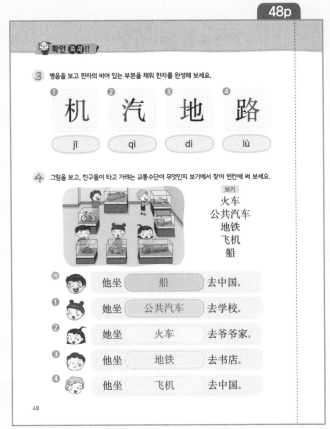

① 机 jī
② 汽 qì
③ 地 dì
④ 路 lù

4 그림을 보고, 친구들이 타고 가려는 교통수단이 무엇인지 보기에서 찾아 빈칸에 써 보세요.

보기
火车
公共汽车
地铁
飞机
船

예 他坐 船 去中国。
① 她坐 公共汽车 去学校。
② 她坐 火车 去爷爷家。
③ 他坐 地铁 去书店。
④ 他坐 飞机 去中国。

48

9과

확인 콕콕!! ○학년 ○반 이름

1 한자에 알맞은 병음이 되도록 병음에 성조를 표시해 보세요.

① 前 qián
② 后 hòu
③ 左 zuǒ
④ 右 yòu

2 다음 장소에 해당하는 병음을 써 보세요.(성조는 무시)

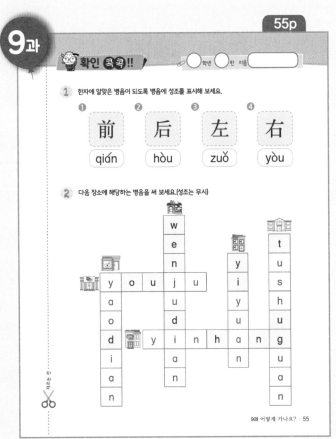

9과 어떻게 가나요? · 55

확인 콕콕!!

3 그림을 보고, 그 장소에 가려면 어떻게 가야 하는지 보기에서 골라 써 보세요.

보기 往前走 往右拐 往左拐 一直走

① 왼쪽으로 돌아가세요.
图书馆 往左拐 。

② 곧장 가세요.
邮局 一直走 。

③ 앞으로 가세요.
文具店 往前走 。

④ 오른쪽으로 돌아가세요.
银行 往右拐 。

56

64

과별 색인

1과

怎么了	zěnme le	왜 그래
疼	téng	아프다
眼睛	yǎnjing	눈
耳朵	ěrduo	귀
头	tóu	머리
嗓子	sǎngzi	목, 목구멍
牙	yá	이, 치아
肚子	dùzi	배

2과

天气	tiānqì	날씨
怎么样	zěnmeyàng	어때
晴天	qíngtiān	맑은 날씨
下雨	xià yǔ	비가 오다
春天	chūntiān	봄
暖和	nuǎnhuo	따뜻하다
夏天	xiàtiān	여름
非常	fēicháng	대단히
热	rè	덥다
秋天	qiūtiān	가을
凉快	liángkuài	시원하다

冬天	dōngtiān	겨울
冷	lěng	춥다

3과

想	xiǎng	~하고 싶다
当	dāng	~이/가 되다
总统	zǒngtǒng	대통령
大夫	dàifu	의사
警察	jǐngchá	경찰
演员	yǎnyuán	배우
歌手	gēshǒu	가수
运动员	yùndòngyuán	운동선수

4과

在~呢	zài ~ ne	~하고 있다, ~하고 있는 중이다
做	zuò	~하다, 만들다
看	kàn	보다
电视	diànshì	텔레비전
作业	zuòyè	숙제
画	huà	그리다
画儿	huàr	그림

唱	chàng	부르다
歌儿	gēr	노래
玩儿	wánr	하다, 놀다
电脑游戏	diànnǎo yóuxì	컴퓨터 게임
书	shū	책

6과

这个	zhè ge	이것
那个	nà ge	저것, 그것
多少钱	duōshao qián	얼마예요?
块	kuài	위안(중국 화폐 단위)
买	mǎi	사다
一百	yìbǎi	100, 백

7과

比	bǐ	~보다
高	gāo	(키가) 크다, 높다
胖	pàng	뚱뚱하다
大	dà	(나이가) 많다, 크다
快	kuài	빠르다
贵	guì	비싸다

| 长 | cháng | 길다 |
| 哪个 | nǎ ge | 어느 것 |

8과

坐	zuò	(교통수단을) 타다, 앉다
船	chuán	배
飞机	fēijī	비행기
公共汽车	gōnggòng qìchē	버스
地铁	dìtiě	지하철
火车	huǒchē	기차
走路	zǒu lù	걷다
家	jiā	집
书店	shūdiàn	서점
学校	xuéxiào	학교

9과

请问	qǐngwèn	말씀 좀 물어볼게요, 실례합니다
怎么	zěnme	어떻게
往右拐	wǎng yòu guǎi	오른쪽으로 돌다
一直	yìzhí	곧장, 곧바로
走	zǒu	걷다, 가다

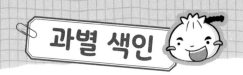

前	qián	앞
后	hòu	뒤
左	zuǒ	왼쪽
右	yòu	오른쪽
到	dào	도착하다, (어느 장소에) 도달하다
银行	yínháng	은행
医院	yīyuàn	병원
邮局	yóujú	우체국
图书馆	túshūguǎn	도서관
药店	yàodiàn	약국
文具店	wénjùdiàn	문방구

병음 색인

MEMO